AF298737

Faculté de Droit de Toulouse.

THÈSE
POUR LA LICENCE.

TOULOUSE,
IMPRIMERIE DE BELLEGARRIGUE,
RUE DES FILATIERS, 40.

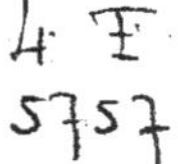

A MON PÈRE, A MA MÈRE,

A mon Frère, à ma Sœur.

A tous mes Parents et Amis.

THÈSE

Pour la Licence,

EN EXÉCUTION DE L'ART. 4, TIT. II DE LA LOI DU 22 VENTÔSE, AN XII,

SOUTENUE

par M. Emile DEGHOEY.

né à Carbonne (Haute-Garonne).

JUS ROMANUM.

QUI TESTAMENTE FACERE POSSUNT.

Antequam vim testamenti videamus, debemus quærere, dixit jurisconsultus Gaius (Inst. com. 2. § 114). An qui id fecerit habuerit testamentì factionem. Si quæramus an valeat testamentum imprimis advertere debemus, an is qui id facerit, abuerit testamenti factionem.

Testamentum est voluntatìs nostræ justa sententia, eo quod quis post mortem suam fieri velit ergò ab alieno arbitrio pendere non debet, sed solemne et legitimum esse debet.

Testamentì factionem habent patres familias, ait enìm lex XII Tabularum : « Paterfamilias utì legassit super familia, pecuniaque sua Ita jus esto. » Cùm autem nemo paterfamilias possit intelligo, quine sit et liber et civis, sui juris hinc sequitur·quod hæc tria. In eo qui testamenti factionem habet, debent concurrere. (Liber 25 Pandectarum, tit. I). Romani familiam suam, liberos suos, velut in domino suo perindè ac cœtera bona sua habebant. Undè quædam circa illos disponendi jus habebant, tutores eis dando, hæredes ipsis instituendo, si ante impuberes decederent.

§ I. *De prima conditione ad testamenti facere factionem requisita, id es libertate.*

Hi verò ad ferum, aut ad bestias, aud in metallum, libertatem perdunt , bonaque eorum publicantur. Undè apparet amittere eos testamentì factionem. Pari ratione, *a ejus , qni apud hostes est ,* testamentum quod ibi. Fecerit, non valet quamvis redierit. Quod si, ante captivitatem , testamentum quis confecerit , quamvis captivus decesserit valet testamentum.

Hi, qui latronibus captì sunt, testamentum facere possunt, quià semper libertatem habent.

Qui in custodiis publicis deteneatur est liber, si libertatem propter hoc desinit, et siquis indemnatus defunctus , in custodiis publiciis, testamentum ejus valebit. Ulpianus, frag., t. 20, § fin, ait : Servus publicus populi romani parte dimidia testamenti faciendi habet ejus.

§ II. *Secunda conditio. Requiri ut testator sit civis.*

Obsides non possunt testamentum facere, quia imperator Commolus dixit : illorum bona ad fiscum pertinere.

Non possunt testamentum facere Latini-Juniani, quià lex eis defendit. Etiam deditii quià cives romani non sunt.

Obsides accepto usu togæ romanæ, ut cives romei semper egerint. Obsides qui usuum togæ a principes impetrarunt, non sunt quidem cives, sed pro civibus habentur ; jura civium manciscuntur, adeoque testamenti factionem: ita ut qui ab ipsis instituti sunt, æque jure instituti ac si a quovis vero cive essent instituti hoc beneficium obsidibus datum fuit principale.

Capitali sententia damnati , quœmdu appellatio pendet , capite non sunt minuti. Quamdu enim pendet appellatio, nondum res est judicata. Reus autem qui antè rem judicatam moritur , integro statu moritur et extinguitur, omnino accusatio.

§ III. *Tertia conditio. Requiri ut sit sui juris qui facit testamentum.*

Filiifamilias, qui possidere nullum patrimonium poterant suorum parentum patrimonio alienum diù non habuerunt factionem testamentì etiam cum voluntate suorum parentum. Sed deindè filiifamilias , qui amilitaverant , bona pro merced acquirere potuerunt. Atque hæc bona peculium castrense nominabantur illis dari potuerunt. Definitio peculii Castrensis data fuit a Paulo in sententiis suis, tit. IV, § 3.

§ IV. *De aliis conditionibus ad testamenti factionem*

Maximus dixit : Eunuchi testamentum facere possunt; sed tardius quam cœteri. Undè Paulus : Spadones eo tempore testamentum facere possunt, quo plerique pubescunt, id est anno decimo octavo. Paul. Sent. Lib. 3, tit. 4, § 2. Autem Constantinus Spadones cœteris exæquavit ita illa : « Eunuchis liceat facere testamentum , » componere postremas exemplo omnium, voluntates, conscribere » codicillos, salva testamentorum observantìs. »

Si surdus aut mutus, ut licere sibi testamentum facere a principe impetraverit, valet testamentum, Labeo dixit : *In eo qui testatur, ejus temporis quo testamentum facit, integritas mentis, non sanitas corporis exigenda est.* Cœcus, et qui manus amisit testamentum facere possunt, Justinianus certam ac specialem cœcis testandi formam constituit.

CODE NAPOLÉON.

EFFETS DES PRIVILÉGES ET HYPOTHÈQUES CONTRE LES TIERS-DÉTENTEURS.

Livre III, Titre XVIII (art. 2166-2195).

Toutes les règles de détail qui vont suivre sont applicables aux priviléges comme aux hypothèques.

L'hypothèque est un droit réel qui se rapporte , 1° aux créanciers du débiteur ; 2° aux créanciers de l'immeuble hypothéqué. On l'appelle droit de préférence quand c'est le créancier qui l'oppose aux autres créanciers du débiteur ; droit de suite, quand on l'oppose aux tiers-acquéreurs de l'immeuble.

Nous allons nous occuper seulement du droit de suite. 1° Quels créanciers ont le droit de suite? Tous les créanciers , qui avaient sur l'immeuble aliéné une hypothèque inscrite avant l'aliénation , avaient le droit de suite. Mais l'art. 834 du Code de Procédure a modifié cette disposition. Aujourd'hui l'aliénation de l'immeuble n'entraine plus l'extinction des hypothèques non encore inscrites.

Le droit de suite appartient donc aux créanciers non inscrits comme à ceux qui ont hypothèque inscrite avant l'aliénation de l'immeuble. Ceux qui ne sont pas inscrits doivent le faire dans le délai de quinze jours, à partir du jour de la transcription du titre d'acquisition. Sans cela ils seraient déchus de leur droit de suite.

Lorsque le propriétaire a été exproprié pour cause d'utilité publique, le délai de quinze jours compte à dater du jour de la transcription du jugement d'expropriation (art. 17 de la loi du 3 mai 1841, sur l'expropriation pour cause d'utilité publique).

L'art. 834 du Code de Procédure renferme une pensée toute fiscale. En effet, le Code civil ayant admis que tout acquéreur à titre onéreux devenait propriétaire sans la formalité de la transcription, tous les acquéreurs à titre onéreux ne firent plus transcrire et le fisc perdit beaucoup. *La transcription donne lieu à un droit fiscal de cinq francs par chaque cent francs.* Mais la loi de 1816 a réparé cette perte en voulant que la transcription n'étant pas faite, le trésor perçut le droit de transcription.

Il est à remarquer que l'art. 834 ne s'applique pas aux hypothèques légales des femmes des mineurs et interdits, mais quoique le texte ne le dise pas, il s'applique aux hypothèques de l'Etat (art. 2121), du légataire (art. 1017).

De la nature du droit de suite et de ses avantages.

Le tiers-acquéreur peut, 1° délaisser l'immeuble ; 2° payer intégralement toutes les créances inscrites ; 3° payer les créances inscrites, jusqu'à concurrence de son prix d'acquisition ; 4° purger ; 5° se laisser exproprier de l'immeuble.

§ 1er. — *Délaisser l'immeuble.*

Le tiers-détenteur de l'immeuble hypothéqué n'est pas obligé personnellement de payer les dettes hypothécaires , parce qu'il n'a que la possession de l'immeuble. Dès-lors les créanciers ne peuvent avoir une action que sur l'immeuble affecté à leurs créances. Le tiers-détenteur en délaissant l'immeuble hypothéqué se soustrait aux tracas de la procédure en expropriation. Tant que l'immeuble n'est pas entièrement exproprié il conserve la propriété : puisque le délaissement est une abdication de la possession. L'art. 2174 indique la forme ou la procédure du délaissement : «*Le délaissement par hypothèque se fait* , etc. »

Pour délaisser il faut être capable d'aliéner (art. 2172). Le délaissement n'est pas un acte d'aliénation; mais c'est un acheminement à l'expropriation qui est un acte d'aliénation. Le délaissant n'ayant plus la possession ne peut pas surveiller les opérations de la saisie.

Dès que la saisie de l'immeuble sur le détenteur a été faite, le délaissement ne peut plus avoir lieu. Le détenteur a assez de temps pour délaisser , puisque la saisie ne peut être exécutée que trente jours après la sommation qui lui a été faite (art. 2169).

§ 2. — *Payer intégralement toutes les créances inscrites.*

Lorsque le montant des créances est égal ou supérieur au prix d'acquisition , le détenteur se libère envers le vendeur , puisqu'il désintéresse les créanciers hypothécaires (art. 2168). « *Le tiers*
» *détenteur est tenu ou de payer tous les intérêts et capitaux exigibles ,*
» *à quelques sommes qu'ils puissent monter , ou de délaisssr l'immeuble*
» *hypothéqué sans aucune réserve.* »

§ 3. — *Payer les créanciers hypothécaires, mais jusqu'à concurrence seulement de son prix d'acquisition.*

Les créanciers non désintéressés peuvent poursuivre le tiers-détenteur et faire exproprier s'il espèrent que l'immeuble hypothéqué se vende plus cher par la voie des enchères que ne l'a payé l'acquéreur. Alors l'acquéreur est subrogé aux droits des créanciers désintéressés.

§ 4. — *Le détenteur peut remplir les formalités de la purge.*

La purge est un bénéfice qui permet au détenteur de se libérer des hypothèques qui grèvent l'immeuble sans payer l'intégralité des créances inscrites et sans délaisser purger, c'est acquérir le droit d'éteindre les hypothèques en payant aux créanciers inscrits, non pas tout ce qui leur est dû, mais une certaine somme offerte par le détenteur et acceptée par les créanciers. S'ils refusent, ils peuvent saisir l'immeuble et le faire vendre en justice, mais sous la condition de faire porter le prix d'adjudication à un dixième en sus de la somme offerte par le détenteur.

§ 5. — *Le détenteur peut attendre les poursuites du créancier et le laisser exproprier.*

Si le tiers-détenteur reste dans l'inaction tous les créanciers ont le droit de le poursuivre et de faire exproprier. Il n'en était pas ainsi à Rome , où le premier créancier pouvait seul faire exproprier.

La procédure du Code est très-simple à ce sujet. Le créancier fait au débiteur commandement de payer, et au détenteur sommation de délaisser (art. 2169). S'il n'y a pas de résultat, le créancier, trois jours après, fait saisir l'immeuble , lorsque la sommation et le commandement sont faits en même temps. Dans le cas contraire, le délai de trente jours court à partir du jour du dernier de ces deux actes.

En résumé , le droit de suite consiste; dans la faculté qu'a le créancier d'accepter ou de refuser les offres faites par le tiers-détenteur , et de saisir sur lui l'immeuble , lorsque sommation a été faite de payer ou de délaisser et qu'il n'y a pas répondu.

Bénéfice de discussion.

Toutefois le débiteur peut, sans prendre un de ces partis que je viens d'expliquer , empêcher l'expropriation au moyen d'une exception dite bénéfice de discussion (art. 2170). « *Néanmoins le tiers-détenteur* ».

Cette exception fut introduite par la novelle 4 de Justinien. Elle fut suivie par l'ancienne jurisprudence abrogée par la loi de Brumaire an VII , elle fut remise en vigueur par le Code avec de grandes modifications.

Le droit de discussion appartient à ceux qui ne sont pas personnellement obligés à la dette, Ce que nous avons dit du délaissement s'applique au bénéfice de discussion (art. 2172).

La caution peut demander le bénéfice de discussion ; mais c'est une exception (art. 2021). On ne peut l'invoquer que contre les créanciers hypothécaires qui ont une hypothèque générale. La forme de cette exception est la même que celle que l'on suit pour l'exeption de discussion invoquée par une caution (art. 2022 et 2023).

Les aliénations qui donnent lieu au droit de suite. — Elles peuvent être le résultat :

1° D'un acte volontaire du propriétaire de l'immeuble hypothéqué. Cette aliénation donne lieu au droit de suite , et tous les tiers-acquéreurs , pour si faible que soit leur position , subiront le délaissement ou l'expropriation de la portion acquise , à moins qu'ils ne paient toutes les sommes inscrites sur l'immeuble ;

2° L'aliénation sur saisie opère par elle-même la purge de toutes les hypothèques. Cette aliénation est sincère puisque les créanciers ont pu surveiller la vente aux enchères ;

3° L'aliénation , par suite d'expropriation pour cause d'utilité publique. Ici les créanciers ne peuvent pas surenchérir ; mais ils interviennent dans le règlement d'indemnité et sont payés d'après l'ordre des inscriptions (V. art. 11 , loi de 1840).

Le tiers-détenteur est tenu des détériorations qui proviennent de son fait et qui ont causé des dommages aux créanciers , mais non de celles provenues par cas fortuit (art. 2175). « *Les détériorations , etc.....* »

Par une sommation faite au tiers-détenteur par les créanciers , les fruits cessent de lui appartenir , à moins que les créanciers laissent périmer l'instance ; alors il faut une nouvelle sommation (art. 2176). Si le tiers-détenteur avait des servitudes ou droits réels sur l'immeuble ; après le délaissement tout revit , et les créanciers personnels exercent leur hypothèque à leur rang sur le bien délaissé après ceux qui sont inscrits sur les précédents propriétaires (art. 2177).

Le délaissement produit pleine éviction , et l'acheteur a contre le vendeur l'action en restitution du prix , des loyaux-coûts , des impenses qu'il a faites sur l'héritage ; de plus , il peut demander et obtenir des dommages et intérêts (ert. 2178), Le délaissant n'a pas besoin de faire savoir au vendeur les poursuites qui sont faites contre lui , car d'après l'art. 2169 , le commandement l'avertit.

Extinction des priviléges et hypothèques.

« Les priviléges et hypothèques s'éteignent , — 1° par l'extinction
» de l'obligation principale ; — 2° par la renonciation du créancier
» à l'hypothéque ; — 3° par l'accomplissement des formalités et
» conditions prescrites aux tiers-détenteurs pour purger les biens
» par eux acquis ; — 4° par la prescription. — La prescription est
» acquise au débiteur , etc. »

Cet article 2180 énumère quatre cas d'extinction de l'hypothèque,
qu'il faut bien se garder de confondre avec l'inscription, laquelle
ne donne que le rang au créancier, mais ne prouve point l'existence du droit d'hypothèque.

1° L'hypothèque n'étant qu'une convention accessoire, doit nécessairement s'éteindre avec l'obligation principale ; mais il faut
que celle-ci soit entièrement éteinte ; sinon, quelque petite que soit
la portion qui en subsistât, l'hypothèque existerait pour le tout. Il faut
remarquer néanmoins que l'extinction de l'obligation principale par
la subrogation, n'éteint pas l'hypothèque (art. 1250-1251), et que
par la novation on peut, par une clause spéciale, laisser subsister
l'hypothèque (art. 1278). Lorsque le créancier est évincé de la
chose donnée en paiement, les anciennes hypothèques revivent si
la cause de l'éviction a lieu *ex causa antiqua vel necessaria ;* mais
si elle est postérieure à la dation en paiement, elles ne doivent
point revivre : *obligatio semel extincta non reviviscit.* Sans nul doute
l'hypothèque revit entre le créancier évincé et le débiteur origi-
naire (1183) ; et à l'égard des tiers qui avaient hypothèque avant la
dation en paiement, pourvu que l'éviction provienne *ex causa an-
tiquâ vel necessarias.* Il est à remarquer encore que la renaissance
de l'hypothèque ne fait pas revivre l'inscription à sa date si elle
a été radiée ou si elle est périmée ; il n'y a que le droit d'hypothèque qui soit conservé.

2º La renonciation du créancier est expresse ou tacite; la première, résulte d'un acte formel unilatéral, qui ne peut être rétracté et dont les autres créanciers peuvent se servir ; elle est tacite quand elle résulte de certains actes qui ont fait nécessairement supposer l'existence, par exemple, lorsque le créancier permet de vendre l'immeuble hypothéqué ; mais en signant l'acte de vente comme témoin, est-il censé avoir renoncé? Oui , si la vente contenait que l'immeuble est libre; à moins qu'il ne signe que *honoris causa*, sans connaître le contenu.

3º La purge est une cause d'extinction de l'hypothèque, et par suite accorde le droit de faire radier les inscriptions.

4º Par la prescription. — L'action personnelle se prescrivait autrefois par trente ans, et l'action hypothécaire par quarante; il arrivait de là que l'accessoire subsistait plus longtemps que le principal; aujourd'hui il n'en est plus ainsi. La prescription est acquise au débiteur; quant aux biens qui sont dans ses mains, par le temps fixé pour la prescription des actions qui donnent l'hypothèque ou le privilège. Quant aux biens qui sont dans les mains d'un tiers détenteur, elle lui est acquise par le temps réglé pour la prescription de la propriété à son profit : dans le cas où la prescription suppose un titre. elle ne commence à courir que du jour où il a été inscrit sur les registres du conservateur,

Les inscriptions prises par les créanciers n'interrompent pas le cours de la prescription établie par la loi en faveur du débiteur ou du tiers détenteur.

De la purge.

Il y a deux sortes de purges : 1º celle des hypothèques inscrites; 2º Celle des hypothèques légales des femmes mariées, des mineurs et interdits , lorsqu'elles n'ont pas été inscrites. La première est un bénéfice accordé au tiers-acquéreur d'un immeuble, consistant dans le faculté de se libérer des droits d'hypothèque et privilège dont il est grevé, non pas en délaissant ou en payant aux créanciers le montant de leurs créances; mais en payant ou consignant une certaine somme, représentant la valeur de l'immeuble acquis, acceptée par les créanciers.

La seconde est un bénéfice consistant en la faculté de se libérer des hypothèques légales de la femme mariée et du mineur qui n'ont pas été inscrites, en mettant les intéressés ou leurs représentants en demeure de prendre une inscription, sous peine de déchéance du droit de suite, dans un délai de deux mois, à partir de l'accomplissement des formalités nécessaires pour rendre publique l'acquisition de l'immeuble.

Si le tiers-acquéreur tient beaucoup à conserver l'immeuble hypothéqué et que de plus le prix de son acquisition soit beaucoup plus faible que la somme résultant du montant des créances, il peut s'adresser aux créanciers et leur dire : j'ai acheté l'immeuble affecté au paiement de vos créances, je l'ai acheté pour telle somme ; j'estime que l'immeuble vaut telle somme; j'offre de vous payer jusqu'à concurrence de mon prix ou jusqu'à concurrence de la somme jugée par moi comme représentant la valeur de votre gage.

Les créanciers ont alors le droit d'accepter le somme offerte ou de faire vendre l'immeuble aux enchères.

Si l'acquéreur veut payer, il a plusieurs formalités à remplir :

1° Il doit faire transcrire son acte de vente, et cette transcription a pour utilité de conserver le privilège du vendeur (art. 2181 et 2182).

2° Notifier un extrait de son titre. Ce titre doit contenir premièrement toutes les indications nécessaires pour que les créanciers sachent bien qu'il est devenu propriétaire de l'immeuble affecté à leurs créances; secondement, un extrait de la transcription : troisièmement, un tableau à trois colonnes : la première donne la date des hypothèques, la seconde le nom des créanciers, la troisième le montant des créances inscrites.

Le tiers-détenteur qui a fait les notifications exigées accompagnées de ses offres, art. 2185, est, suivant quelques auteurs, obligé jusqu'à concurrence de la somme offerte, obligé même avant l'acceptation expresse ou tacite de ses offres par les créanciers. D'autres auteurs disent que tant que ses offres n'ont pas été acceptées, il peut les retirer.

Chaque créancier a quarante jours pour délibérer à compter du jour de la notification qui lui aura été faite, plus, deux jours par cinq myriamètres de distance entre le domicile élu et son domicile réel.

« Art. 2186. — A défaut par les créanciers d'avoir requis la mise » aux enchères dans le délai et forme prescrites, la valeur de l'im- » meuble demeure définitivement fixée au prix stipulé dans le con- » trat, ou déclaré par le nouveau propriétaire, etc. » si les créanciers laissent passer le temps qu'ils ont pour demander la surenchère, la valeur de l'immeuble est fixée comme le dit l'art 2186; cependant il n'y a pas encore purge. Les hypothèques ne sont éteintes, comme je l'ai dit plus haut, que par le paiement de la consignation du prix ou de la somme évaluée.

La revente par suite de surenchère se fait dans les formes établies pour l'expropriation forcée (art 2187). Si personne ne se présente pour offrir la somme évaluée dans les affiches et le dixième en sus, le créancier requérant reste adjudicataire de l'immeuble.

Aux termes de l'art. 2188, l'adjudicataire n'est pas quitte en payant aux créanciers son adjudication ; il doit de plus rembourser au détenteur évincé : les frais et loyaux-coûts de son contrat, ceux de la transcription, ceux de notification et ceux faits pour parvenir à la revente.

Le détenteur qui, pour conserver l'immeuble, a été obligé de se porter adjudicataire, a recours contre son vendeur pour se faire rembourser tout ce qu'il a été obligé de payer au-delà du prix stipulé dans son contrat, et les intérêts de cet excédant à compter du jour de chaque paiement qu'il a fait aux créanciers.

Purge des hypothèques légales des femmes mariées, etc.

Cette purge se trouve dans les art. 2194 et 2195, qui énumèrent les formalités à remplir.

« 2194. Ils (1) déposeront copie dûment collationnée du contrat translatif de propriété au greffe du tribunal civil du lieu de la situation des biens, et ils certifieront par acte, signifié tant à la femme ou au subrogé tuteur qu'au procureur du roi près le tribunal, le dépôt qu'ils auront fait. Extrait de ce contrat, contenant sa date, les noms, prénoms, professsions et domiciles des contractants, la désignation de la nature et de la situation des biens, le prix et les autres charges de la vente, sera et restera affiché pendant deux mois dans l'auditoire du tribunal, pendant lequel temps les femmes, les maris, tuteurs, subrogés tuteurs, mineurs, interdits, parents ou amis, et le procureur du roi, seront reçus à requérir, s'il y a lieu, et à faire faire au bureau du conservateur des hypothèques des inscriptions sur l'immeuble aliéné, qui auront le même effet que si elles avaient été prises le jour du contrat de mariage, ou le jour de l'entrée en gestion du tuteur, sans préjudice des poursuites qui pourraient avoir lieu contre les maris et les tuteurs, ainsi qu'il a été dit ci-dessus, pour hypothèques par eux consenties au profit de tierces personnes sans leur avoir déclaré que les immeubles étaient déjà grevés d'hypothèques en raison du mariage ou de la tutelle. — C. 2135, 2146, 2183.

» Si, dans le cours des deux mois de l'exposition du contrat, il n'a pas été fait d'inscription du chef des femmes, mineurs ou interdits sur les immeubles vendus, ils passent à l'acquéreur sans aucune charge à raison des dot, reprises et conventions matrimoniales de la femme ou de la gestion du tuteur, et sauf le recours, s'il y a lieu, contre le mari et le tuteur. — S'il a été pris des inscriptions du chef desdites femmes, mineurs ou interdits, et s'il existe des créanciers antérieurs qui absorbent le prix en totalité ou en partie, l'acquéreur est libéré du prix ou de la portion du prix par lui payée aux créanciers placés en ordre utile; et les inscriptions du

3

chef des femmes, mineurs ou interdits seront rayés, ou en totalité, ou jusqu'à due concurrence. — Si les inscriptions du chef des femmes mineurs ou interdits sont les plus anciennes, l'acquéreur ne pourra faire aucun paiement du prix qu'il a été dit ci-dessus, la date du contrat de mariage, ou de l'entrée en gestion du tuteur ; et, dans ce cas, les inscriptions des autres créanciers qui ne viennent pas en ordre utile seront rayés. — Pr. 715. 775. »

(1) Les tiers-acquéreurs.

DROIT COMMERCIAL.

DE LA SOCIÉTÉ EN NOM COLLECTIF.

L'art. 20 du Code de Commerce définit ainsi la société en nom collectif : « *c'est celle que contractent deux ou un plus grand nombre de personnes, et qui a pour objet de faire le commerce sous une raison sociale* ». L'art. 21 ajoute que les noms des associés peuvent seuls faire partie de la raison sociale.

Les obligations qui résultent de ce contrat sont plutôt des obligations de personnes que de choses. Les associés sont solidaires à l'égard des tiers de toutes les obligations contractées par la société. Cependant il peut arriver qu'entre associés on établisse des clauses pour diminuer ou augmenter leur solidarité. Entre associés cela est permis. L'associé qui ne serait solidaire que jusqu'à concurrence d'une somme déterminée, n'en serait pas moins solidaire comme les autres à l'égard des tiers.

Création de la société.

Les Romains disaient que la société se formait par le seul consentement, Dans les sociétés commerciales on a pour but de créer un être de raison qui vive, qui ait un patrimoine, et qui agisse avec les tiers comme une seule personne le ferait. Il est donc nécessaire que cette société ait été signifiée aux tiers, pour qu'elle jouisse d'une pleine et entière existence.

Nous distinguerons trois degrés dans le développement du lien juridique qui forme la société :

1º La convention ;

2º La rédaction de l'acte ;

3º Notification de cet acte.

Tous les associés sont moralement obligés pendant le temps qui s'écoule entre la convention et la rédaction de l'acte. Sitôt que l'acte est rédigé et revêtu des formalités requises pour sa validité, le lien moral qui existait avant devient un lien juridique. Par la notification la société, être moral, jouit de sa pleine et entière existence à l'égard des associés et à l'égard des tiers.

Les art. 39 et 41 parlent de la rédaction des actes constitutifs de société.

Les art. 43 et 44 parlent de l'extrait de l'acte de société qui doit être signifié aux tiers. Cet extrait ne doit contenir que ce que les tiers doivent utilement connaître. Parmi les conventions qui leur doivent être signifiées, il y en a qui entraînent nullité. Cependant, parmi ces conventions, j'en trouve une d'une très-grande importance, et qui, à mon avis, n'entraîne pas nullité; par exemple, si l'on n'avait pas signifié aux tiers quel est le gérant de la société lorsqu'il y en a un.

Si l'on ne faisait pas la notification de l'acte aux tiers, qu'arriverait-il ? L'art. 42 répond à cette question : « *L'extrait doit être remis dans la quinzaine de leur date, etc....* »

De l'administration de la société.

Tous les associés étant solidaires peuvent faire tous actes qui se rapportent à la société. Cependant il ne faut pas leur donner une trop grande latitude. Ils ne vont pas en général consulter le pacte social pour les choses ordinaires , ils agissent le plus souvent d'après les coutumes et usages commerciaux. Les sociétés en non collectif ont en général , pour ne pas dire toujours , un gérant qui est chargé d'administrer la société. Ce gérant peut acheter à crédit , au comptant , et par sa seule signature engager la société.

Les pouvoirs du gérant sont très-étendus ; il peut administrer , transiger , compromettre et vendre les objets mobiliers. Il n'a pas cependant le droit d'hypothéquer ; parce que la société en se formant n'a pas songé qu'elle eut à employer ce moyen extrême pour agir. Si le gérant , à la dissolution de la société , venait à être nommé liquidateur , il aura les mêmes droits , et c'est alors qu'il pourra surtout transiger et compromettre. Le gérant n'oblige pas les associés seulement pour le montant de leur mise de fonds : mais encore jusqu'à concurrence de leur fortune.

Si le gérant , dans un but personnel , a abusé de la signature sociale , les associés seront-ils liés ? Oui , parce qu'en droit commercial on s'en rapporte plus aux apparences qu'à la réalité. Si quelqu'un doit souffrir de la fraude du gérant , ce ne sont pas les tiers , puisqu'ils n'ont rien à se reprocher ; mais bien les associés qui ont eu l'imprudence de lui accorder leurs pleins pouvoirs. Si le tiers connaissait la fraude lorsqu'il a contracté avec le gérant , ce tiers n'aura pas de recours contre la société.

Qu'arrivera-t-il si un membre de la société , autre que le gérant , a traité dans l'intérêt de la société en se servant de la signature sociale ? La société sera-t-elle engagée par cette signature apposée à une obligation par un associé , qui n'avait pas le droit d'en faire usage ?

Je résoudrai la difficulté , non par la théorie , mais par cette distinction dont on se sert dans la pratique ; ou la société a connu et approuvé , soit expressément , soit tacitement l'engagement pris sous la signature sociale par un de ces membres qui n'en avait pas le droit , et alors elle est directement tenue ; ou bien elle n'a pas connu positivement cet engagement , ou l'a désavoué , et alors elle ne peut être directement obligée.

Les membres de la société sont personnellement tenus de toutes les obligations de la société. L'on ne peut cependant s'adresser directement à ses membres en partiéulier pour obtenir d'eux le paiement d'une dette sociale avant d'avoir épuisé le fonds social.

DROIT ADMINISTRATIF.

Attributions de l'administration active au premier chef en ce qui concerne les concessions.

Le pouvoir exécutif se divise, en général, en pouvoir exécutif pur et administration active.

Le pouvoir exécutif pur a le droit de rendre des ordonnances nécessaires à l'exécution de la loi, de faire des règlements généraux d'ordre, de police de sureté publique, de nommer, destituer ou mettre à la retraite les fonctionnaires publics. Par cela seul que le pouvoir exécutif pur gouverne, il s'en suit que ses actes ne peuvent pas être attaqués par des recours individuels ni par des réclamations.

L'administration active au contraire administre, dès-lors elle se trouve en contact avec des intérêts ou des droits particuliers qu'elle peut d'un moment à l'autre froisser ou violer.

Occupons-nous des attributions de l'administration active au premier chef en ce qui concerne les concessions.

L'autorité administrative a seule le droit d'accorder certaines faveurs que l'intérêt général lui prescrit par fois de refuser. Il faut distinguer avec M. Chauveau deux sortes de faveurs : les unes appelées concessions , les autres indemnités , gratifications , etc.

On appelle concession la jouissance de certains droits ou facultés , soit temporaire , soit perpétuelle , accordée par le pouvoir législatif ou exécutif. Un propriétaire qui n'a pas le droit de faire telle ou telle chose ou d'appliquer sa chose à un objet , est obligé d'en demander l'autorisation , et cette autorisation constitue une concession. Entre la concession et la permission , il existe une différence marquée que je ne puis faire mieux sentir qu'en rapportant les paroles de MM. Lerat de Magnitot et Huard de Lamarre. «On peut
» définir la concession , une permission , soit temporaire , soit per-
» pétuelle accordée , ou par un décret impérial , à l'effet d'exercer
» certains droits ou facultés dont la jouissance est préalablement
» interdite. Mais , entre les mots concession et permission , la dif-
» férence est grande. La concession exclut chez l'impétrant toute
» idée du droit de propriété préalable de l'objet concédé , la per-
» mission , au contraire , suppose ce droit de propriété ».

Pour accorder une concession , l'administration active au premier chef doit veiller à ce que le plus digne , et celui qui offre le plus de garantie , obtienne la concession. Il faut que les actes des préfets , des ministres , et des agents qui sont sous leurs ordres , respirent la sagesse et la modération , comme le dit M. Garnier.

L'administration active au premier chef accorde , et elle seule a ce droit , des concessions pour les eaux , les mines , les dessèchements de marais. Elle donne l'autorisation de construire une usine sur des cours d'eau navigables et flottables. Elle peut demander certaines conditions que le concessionnaire peut accepter ou refuser. S'il ne veut pas adhérer à ces conditions , l'administration a le droit de refuser la concession.

L'administration peut accorder des concessions pour l'établissement d'une usine sur une rivière navigable et flottable qui rentre dans le domaine public , malgré l'ordonnance royale qui déclare le domaine public inaliénable. Il est à remarquer que ces concessions n'attaquent pas l'inaliénabilité du domaine public ; puisque l'administration , à un moment donné , peut ordonner la démolition de l'usine sans accorder une indemnité , c'est donc une simple faveur.

Si une usine a été construite sans autorisation , elle n'a pas d'existence légale ; l'autorité administrative qui la fait détruire ne touchant pas à un droit acquis ne fait qu'un acte du pouvoir gracieux , et aucun recours contentieux n'est ouvert contre cet acte ; mais il faut pour cela qu'il soit reconnu que l'usinier n'a pas d'autorisation, car la matière deviendrait contentieuse s'il prétendait tirer son droit d'une autorisation antérieure , quelle qu'elle fut (Gabet, 15 octobre 1809). Dans le cas de destruction d'usines , les agents de l'administration doivent agir avec les plus grands ménagements. La brutalité n'est permise que si un cas de force majeure se présente, et qu'il faille immédiatement détruire pour éviter de plus grands malheurs. Ce qui vient d'être dit sur les usines s'applique à tous ouvrages quelconques établis sans autorisation sur les cours d'eau navigables ou non navigables.

Quoique l'arrêté qui ordonne la démolition de l'usine porte un préjudice réel à l'usinier, celui-ci n'a pas de recours contentieux à exercer, car on ne blesse pas un droit acquis, il ne peut se pourvoir que par la voie gracieuse que l'on appelle aussi voie hiérarchique.

Il n'en est pas de même pour l'établissement d'une usine sur une rivière non-navigable, parce que ces rivières ne sont pas une dépendance du domaine public. Dès le moment que la concession est accordée, on ne peut l'enlever sans blesser un droit acquis, de là , contentieux.

L'administration active a le droit de faire des règlements d'eau. Ces règlements s'appliquent à tout le parcours d'une rivière dans un département, ou à une grande partie du cours. Ce règlement peut fixer les conditions auxquelles une usine pourra ê.re établie, ou déterminer les conditions respectives des riverains ou des propriétaires d'usines. On ne doit point appeler règlements d'eau les actes administratifs qui fixent la hauteur des déversoirs, digues ou barrages , parce qu'ils ne renferment pas le caractère de généralité qui distingue les règlements d'eau proprement dits.

L'usine construite et fonctionnant cause un préjudice aux propriétaires ou aux chemins voisins pour quelque cause que ce soit ,

les dommages seront accordés aux propriétaires d'après le décret du 6 octobre 1791 sur la police rurale, tit. 2, art. 16. « Les pro-
» priétaires ou fermiers des moulins et usines construits ou à cons-
» truire, sont garants de tous dommages que les eaux pourraient
» causer aux chemins et aux propriétés voisines, par la trop
» grande élévation du déversoir ou autrement, etc.... »

L'administration a le droit d'accorder à un des concurrents qui se présentent la concession pour l'exploitation d'une mine. Peu importe que celui qui obtient la concesssion soit propriétaire, oùi ou non, du terrain où se trouve la mine. Il arrive, au contraire, très-souvent que c'est un étranger qui obtient la concession. Faut-il que le concessionnaire choisi par l'administration pour l'exploitation offre tous les avantages nécessaires, soit dans l'intérêt de l'humanité, soit dans l'intérêt des revenus que peut procurer la mine.

Il n'est pas permis à l'administration active au premier chef de régler les dessèchements des marais parce que c'est une question qui touche trop à la propriété du sol. Elle peut seulement accorder ou refuser la concessisn et choisir parmi les concurrents qui se présentent le concessionnaire.

Cette Thèse sera soutenue, dans une des salles de la Faculté, le 6 août 1855.

Vu par le président de la Thèse,

Le Doyen : LAURENS.

Toulouse, Typographie de BELLEGARRIGUE, rne des Filatiers, 40.